LOS SENTIMIENTOS

LA CONFUSIÓN

por Rachel Bach

amicus LEARNING

mirar hacia arriba

rascarse la cabeza

Busca estas palabras e imágenes mientras lees.

mano en el mentón

encogerse de hombros

La confusión es un sentimiento. Significa que no entiendes.

mano en el mentón

Damián se siente confundido.

Piensa mucho.

Se pone la mano en el mentón.

encogerse de hombros

Ali está desconcertada.
No sabe la respuesta.
Se encoge de hombros.

rascarse la cabeza

El papá de Eva usó
una palabra difícil.
Ella no sabe lo que quiere decir.
Se rasca la cabeza.

Sam no encuentra el gimnasio.

Está perdido.

Mira hacia arriba y piensa.

mirar hacia arriba

Está bien estar confundido.
Puedes hacer preguntas.

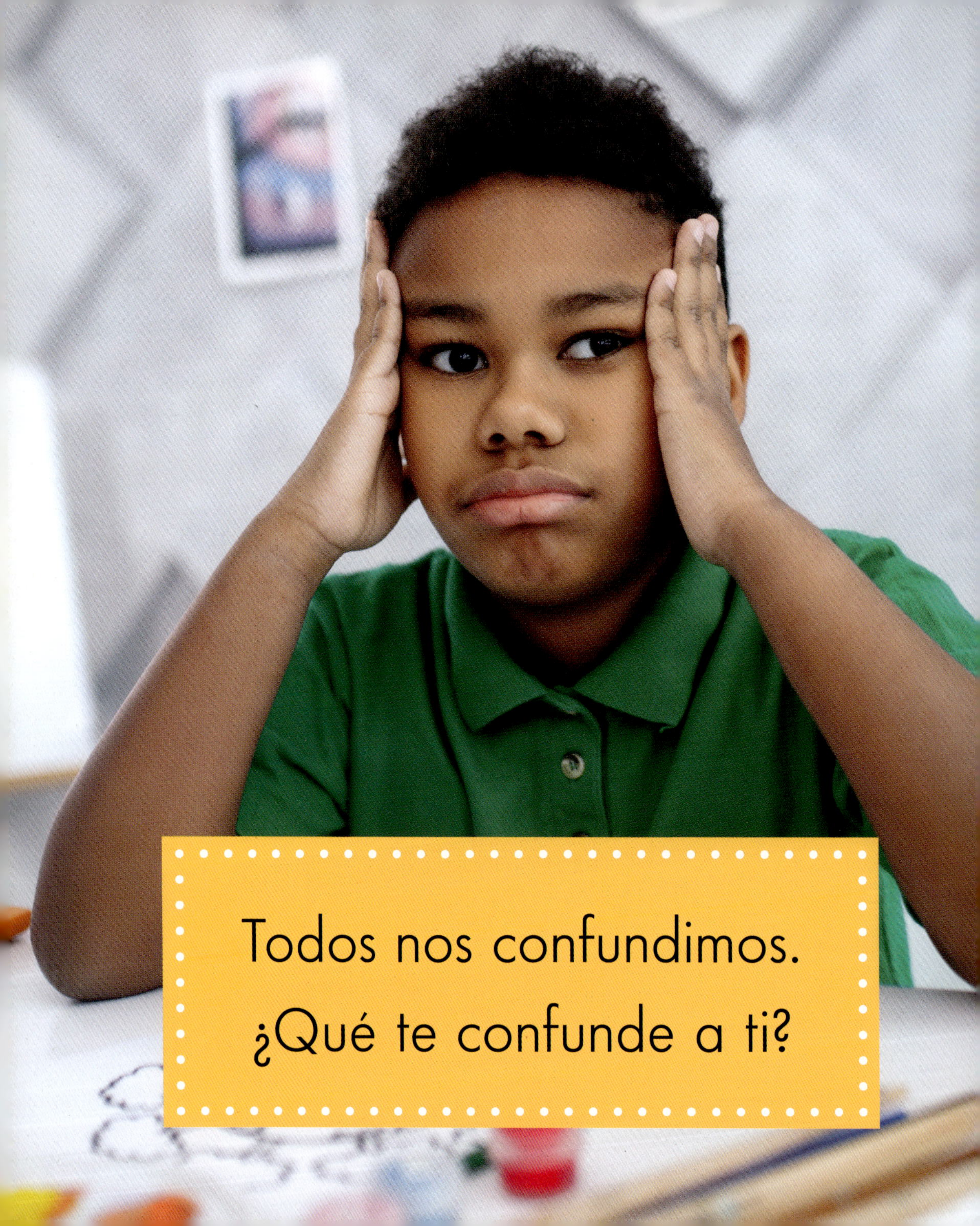

Todos nos confundimos.
¿Qué te confunde a ti?

mirar hacia arriba

rascarse la cabeza

¿Lo encontraste?

mano en el mentón

encogerse de hombros

SPOT

Publicado por Amicus Learning, un sello of Amicus
P.O. Box 227, Mankato, MN 56002
www.amicuspublishing.us

Library of Congress Cataloging-in-Publication Data
Names: Bach, Rachel, author.
Title: La confusión / by Rachel Bach.
Other titles: Confused. Spanish
Description: Mankato, MN : Amicus Learning, an imprint of Amicus, [2025] | Series: Los sentimientos | Audience: Ages 4-7 | Audience: Grades K-1 | Summary: "What makes kids feel confused? Translated into North American Spanish, encourage social-emotional learning with this beginning reader that introduces vocabulary for discussing feelings of confusion with an engaging search-and-find feature"— Provided by publisher.
Identifiers: LCCN 2024021968 (print) | LCCN 2024021969 (ebook) | ISBN 9798892002738 (library binding) | ISBN 9798892002790 (paperback) | ISBN 9798892002851 (ebook)
Subjects: LCSH: Uncertainty—Juvenile literature. | Thought and Thinking—Juvenile literature.
Classification: LCC BF463.U5 B3318 2025 (print) | LCC BF463.U5 (ebook) | DDC 153.4—dc23/eng/20240627
LC record available at https://lccn.loc.gov/2024021968
LC ebook record available at https://lccn.loc.gov/2024021969

Impreso en China

Ana Brauer, editora
Deb Miner, diseñador de la serie
Kim Pfeffer, diseñador de libro y investigación fotográfica

Créditos de Imágenes: Dreamstime/Iryna Tolmachova, 10–11, Yuri Arcurs, 4–5; freepik/freepik, 12–13, zinkevych, 14; Getty Images/selimaksan, cover; Shutterstock/aleks333, 8–9, Kues, 1, Luis Molinero, 10, Roman Samborskyi, 3, SB Arts Media, 6–7